RAPPORT

SUR

L'EXPOSITION

DE 1865

Présenté à la Commission municipale des Beaux-Arts
de la ville de Nimes

PAR M. ERNEST ROUSSEL
Membre-Associé de l'Académie du Gard
Secrétaire de la Commission.

NIMES
DE L'IMPRIMERIE CLAVEL-BALLIVET ET Cie
12, rue Pradier, 12.

1865

RAPPORT

SUR

L'EXPOSITION

DE 1865

Présenté à la Commission municipale des Beaux-Arts
de la ville de Nîmes

PAR M. ERNEST ROUSSEL
Membre-Associé de l'Académie du Gard
Secrétaire de la Commission.

NIMES
DE L'IMPRIMERIE CLAVEL-BALLIVET ET Cie
12, rue Pradier, 12.

1865

Messieurs,

Je me figure que le philosophe illustre qui voulait couronner de roses les poètes avant de les exiler de sa république n'aurait pas mieux traité les artistes. Je suis grand ami de Platon, mais je ne saurais partager ses idées à cet égard. Je crois que poètes et artistes sont un élément indispensable de toute société policée. Si j'avais l'honneur d'être un homme de génie et de jeter sur le papier les fondements d'une Utopie nouvelle, je tresserais des couronnes aux artistes et j'en écar erais soigneusement les épines pour tâcher de les retenir. Mais comme l'imagination est l faculté dominante de ces mortels privilégié et que, de sa nature, elle est portée à l'exa gération, sujette à s'enflammer, à s'égarer je les traiterais comme un père digne de c nom traite des enfants chéris, auxquels prodigue tous les témoignages de son amou mais dont il ne tolère pas les caprices. L écarts de ces favoris de la famille sociale do je me plais un instant à me croire le chef sauraient les bannir de mon cœur ; mais n'hésiterais pas à leur présenter le bre vage amer et salutaire de la critique, duss je prodiguer le miel au bord de la coupe.

Ces sentiments, dont vous trouverez l'e pression ambitieuse dans la bouche d'u homme qui n'est appelé à rien fonder, p même une Icarie, sont partagés, je le sais, p mes collègues et amis de votre sous-commi sion dont je suis heureux d'être aujourd'h l'organe (1). J'estime et je respecte tro

(1) Cette sous-commission était composée de :

MM. Auguste Bosc, sculpteur ;
Paul Colin, professeur à l'Ecole de dessin ;
Henri Durand, id. ;
Alfred de Perrin, membre du Conseil municipal ;
Ernest Roussel, secrétaire de la commission.

du reste, leur caractère et leurs jugements pour me permettre de présenter en leur nom une seule opinion qui me soit personnelle. Laissez-moi pourtant déroger une fois à cette règle pour vous signaler leur bon goût, leur activité et leur patience dans l'accomplissement du mandat dont vous les avez honorés.

Je dis, Messieurs, leur patience. Il en a fallu, croyez-moi, pour organiser ce modeste Salon que des envois successifs et arrivant bien après la dernière heure ont forcé de remanier plusieurs fois après l'ouverture ; il en a fallu, il en faut encore, pour résister à certaines prétentions, pour se soustraire aux caprices des influences locales et fermer l'oreille aux propos décourageants. Glissons rapidement sur de légers ennuis que nous sommes heureux de vous avoir épargnés; mais permettez-nous de léguer ce conseil aux organisateurs de notre prochain Salon : « Avertissez les artistes, leur dirons-nous, longtemps à l'avance; faites une large part aux circonstances indépendantes de leur volonté; mais une fois la limite de temps dépassée, soyez inexorables, et laissez les retardataires frapper en vain à la porte du Musée. Ce n'est qu'à ce prix que vous obtiendrez une organisation rapide, paisible et bien ordonnée. »

On a le droit de donner des conseils quand on sait reconnaître ses erreurs. Nous en avons commis une grande, et nous venons humblement nous en accuser, quand nous avons cru devoir réserver un jour de la semaine au public payant. Je rougirais pour notre ville, si vous me forciez d'avouer le chiffre de nos recettes. Epargnons cet humiliant aveu aux enfants d'Antonin en faveur des honneurs artistiques qu'ils préparent à leur antique compatriote, et surtout ne recommençons plus cette stérile expérience.

Il est temps, Messieurs, d'arriver à l'objet principal de ce travail, de vous parler en détail des œuvres exposées à la Maison-Carrée.

Les réflexions que j'avais l'honneur de vous soumettre en commençant doivent suffire pour vous indiquer l'esprit qui a présidé à notre jugement. Nous avons fait effort pour mettre notre justice au dessus de toute considération personnelle : tous capables, nous osons le dire, à des titres différents, d'apprécier la somme de talent, de travail et d'efforts nécessaire pour produire une œuvre d'art, même médiocre, nous avons longuement étudié l'Exposition avant de la juger ; nous nous sommes surtout abstenus, en face d'artistes sérieux, de ces formes tranchantes qui déshonorent trop souvent la critique en province, mais qui, hâtons-nous de le dire, révèlent aux yeux des honnêtes gens la risible présomption et l'outrecuidante ignorance des Aristarques de hasard. N'avons-nous pas eu, en effet, l'occasion d'entendre certains de ces Midas de la critique reprocher aux déesses de l'Olympe leur splendide et calme nudité, et faire un crime de leurs œuvres à ces artistes courageux qui s'efforcent d'imprimer au corps humain le sceau d'une idéale beauté? Ces exemples auraient suffi, au besoin, pour nous mettre en garde contre les jugements hasardés. Contentons-nous de plaindre ces aveugles-nés qui discutent la couleur, et souhai tons qu'on ne puisse pas dire de l'apparent austérité de leur critique qu'

Elle fait des tableaux couvrir les nudités,

mais qu'

... Elle a de l'amour pour les réalités.

Secouons cette ridicule poussière, et entrons dans le Salon malheureusement trop exigu où, pour la dernière fois, — nous l'espérons bien, — nous avons convié les artistes.

I

Pas un compte-rendu d'exposition moderne qui ne commence par une élégie sur la décadence de l'art religieux, cette forme presque exclusive du grand art pendant le Moyen-Age et la Renaissance. Si les compositions religieuses font défaut dans les grandes expositions de Paris et de la province nous devions bien nous attendre, Messieurs, à ne pas les voir affluer à notre appel. Contentons-nous de mentionner notre indigence. Les arts suivent les courants des époques. La nôtre ne voit pas plus éclore de grandes pages religieuses qu'elle n'élève de cathédrales gothiques. Nous croirions pourtant manquer à la tradition si nous ne donnions pas dans ce rapport la première place à la peinture religieuse.

Elle n'est représentée à la Maison-Carrée que par huit noms. Pour éviter de froisser toute susceptibilité, nous adopterons dans cette revue l'ordre alphabétique.

On ne passe pas impunément les plus fraîches années d'une existence laborieuse dans la patrie des vierges du Pérugin et de Raphël. C'est du souvenir de ses belles études de jeunesse que s'est inspiré M. Numa Boucoiran en créant une *Madone* où nous retrouvons les qualités de l'école romaine dont ce maître, depuis longues années, fait revivre parmi nous les pures traditions.

Il y a quatre ou cinq ans, M. Doze était connu comme un agréable peintre de genre, auquel un de nos devanciers (1) faisait compliment, à cette même place, de sa manière originale, affranchie de tout esclavage, étrangère à toute imitation.

M. Doze a beaucoup grandi depuis. L'art religieux, auquel il a voué un culte presque exclusif, lui a porté bonheur. Il s'est fait sa place, et une fort belle place, parmi les rares artistes français qui consacrent leur talent à la décoration des églises. Nous sommes heureux de toutes les occasions qui se présentent de rendre cette justice à notre compatriote. Mais il nous est impossible de ne pas nous associer à l'honorable critique d'une élégante revue parisienne. Après avoir fait un éloge mérité d'une des œuvres de M. Doze que nous possédons, on ajoute qu'elle rappelle « les beaux groupes de saints et de saintes que Flandrin fait défiler si majestueusement dans ses panathénées catholiques de Saint-Vincent-de-Paul. »

On pourrait choisir un pire modèle pour

(1) M. Im-Thurn.

guider son inspiration. Mais nous voudrions une imitation plus affranchie, plus personnelle : « Tout talent pour être fort, a dit excellemment un de nos collègues dans une solennité académique, tout talent pour être fort, demande à être original, et le mot d'un grand peintre à ses élèves n'a pas cessé d'être vrai : « Si vous copiez toujours, on ne » vous copiera jamais (1). »

Cette réserve faite, nous félicitons hautement M. le curé de Saint-Gervasy de posséder dans son modeste sanctuaire la magnifique décoration dont le panneau que nous avons sous les yeux fait partie. A peine osons-nous signaler, en passant, quelques lourdeurs de dessin dans les pieds du saint Jean.

La même critique de détails peut s'appliquer à certaines parties du grand projet décoratif du même auteur : *la Rédemption annoncée par les prophètes, manifestée par le Christ triomphant*.

La figure de femme du panneau supérieur

(1) Jules Salles, *Considérations sur les beaux-arts en France au* XIX*e siècle* (Mémoires de l'Académie du Gard).

de gauche manque d'élégance et de correction; et, dans ce même panneau, la nature ne donne point exactement la pose de la figure d'homme agenouillée et affaissée sous le poids d'une muette douleur. Dans les figures de prophètes, nous pourrions mentionner certaines incorrections qui n'échappent pas à un examen consciencieux ; mais nous nous contenterons de signaler l'exagération de l'encolure dans la figure centrale.

Ces légères imperfections, que l'étude du modèle fera disparaître à l'exécution, n'enlèvent rien de l'effet général de l'œuvre qui est harmonieuse et bien conçue.

M. Nigote est un débutant, nous a-t-on dit. Nous n'avons donc à juger sa grande toile, *les Lamentations de Jérémie*, qu'à titre de promesses, et nous sommes heureux d'y trouver le germe de solides qualités qu'un travail assidu et intelligent ne peut manquer de féconder. Le mouvement du prophète des larmes est dramatique, mélodramatique, devrions-nous peut-être ajouter; l'expression du visage est forte et l'ensemble vigoureux ; mais le dessin laisse à désirer. Il y a d'excellentes parties dans le paysage, l'avant-dernier plan en particulier. C'est bien ainsi qu'on se figure, d'après le récit des voyageurs, les collines désolées au pied desquelles brûle la cité déicide.

La Prédication de Jésus-Christ près du lac de Génésareth de M. Antony Reignier. On éprouve devant cette toile le sentiment de l'impalpable. Allongés, assis ou debout, les auditeurs de la divine prédication ont trop l'air de n'avoir que des ombres de corps sous des ombres de draperies ; on devine l'azur du ciel à travers certaines têtes, et quoique la scène n'ait rien de mythologique, on se prend involontairement à penser, devant cet excès de fluidité, aux Champs-Elysées et aux cascades d'ombres du facétieux Scarron. Et cependant, l'auteur de cette scène est un homme de talent ; c'est un chercheur qui compose avec art et sentiment. Les attitudes sont vraies. Le groupe central est harmonieux et renferme une figure de femme d'une exquise pureté. La pose du Christ est noble sans raideur et empreinte d'une majestueuse simplicité. Les draperies sont larges, bien ajustées et d'un bon caractère.

Nous devons plus que des encouragements à M. Reynoard, ancien élève de notre école, dont nous suivons avec intérêt tous les pas depuis qu'il a obéi aux appels d'une vocation un peu tardive. Nous lui devons la vérité. Nous la lui dirons tout entière, pour lui témoigner la sympathie que nous inspirent son infatigable volonté et ses laborieux efforts.

Rappelons d'abord que M. Reynoard, depuis son début dans la carrière, n'a pas une fois exposé ses œuvres sans que nous n'ayons eu un progrès à constater. Sa *Sainte Cécile* nous prouve qu'il étudie sérieusement ; mais son dessin est toujours mou et sa couleur laisse encore à désirer. Pourquoi ces tons livides sur ce visage inspiré ? Les draperies manquent de largeur ; la *gloire* mystique qui rayonne au dessus de la tête de la sainte est d'un effet malheureux.

Les qualités caractéristiques paraissent héréditaires dans certaines familles d'artistes. La grâce semble un don de naissance échu à M. Félix Fossey. Ce jeune peintre est le neveu de notre regretté Feuchères. Le charme pudique de sa Mère du Christ, le bon goût des ajustements font presque oublier le petit enfant qui n'est pas réussi et la froideur du coloris.

M. Fauré, que nous sommes appelés à rencontrer encore dans cette revue, a, comme on le voit, plus d'une corde à son arc. Nous l'en félicitons bien sincèrement, et nous l'engageons à ne pas trop compter sur sa peinture religieuse. Sur un paysage détaillé comme un plan topographique et enluminé avec la même crudité de tons, se détachent trois figures groupées et articulées comme des mannequins d'atelier rangés à la file. Un quatrième personnage de même style s'agenouille devant ce bizarre trio : cela s'appelle *Abraham recevant les trois voyageurs*. Nous n'y voyons pas d'inconvénient.

Le Sommeil de Jésus et une *Sainte Geneviève*, de Mlle Zéolide Lecran. Ces deux toiles, j'ai failli dire ces deux gravures coloriées, font penser à certaines honnêtes académies qui ne font jamais parler d'elles.

II

Rares également sont les peintres d'histoire, ceux surtout qui, s'inspirant des grandes traditions de l'art antique, de ces âges

> ..... Où le ciel sur la terre
> Marchait et respirait dans un peuple de dieux,

réalisent, en peignant le corps humain, leur rêve de suprême beauté. Il faut tant et de si profondes études pour apprendre comment s'articulent, sous le muscle, les merveilleuses attaches de ce corps, comment se dégrade la lumière en caressant l'épiderme, quel rôle elle joue dans la science des raccourcis ! Et pour combiner ces lignes harmonieuses et pures qui reposent l'œil et excitent dans l'âme la vibration du beau sans éveiller les sens, que de goût, que de comparaisons, que d'essais, que de réflexions, que de veilles ! A notre époque, où l'art facile séduit les foules, où la franchise de l'art antique est sujette à rencontrer d'aussi ineptes détracteurs, il faut du courage pour rester fidèle à ses autels.

M. Numa Boucoiran ne les a jamais désertés, et la nouvelle offrande qu'il vient d'y suspendre n'est pas indigne de ses aînées. Dans son groupe intitulé *Venus désarmant l'Amour*, il y a un torse d'un modelé exquis et d'une grâce antique ; le dessin du bras droit est d'une hardiesse magistrale ; les extrémités sont modelées avec autant de finesse que de correction. Nous regrettons que les têtes du groupe soient moins heureuses, malgré l'élégance de la coiffure de Vénus qui rappelle les maîtres de la Renaissance. La jambe droite de la déesse est un peu raide et la beauté de la ligne générale du côté gauche ne nous fait point excuser sa longueur.

Malgré l'exiguïté de son cadre, le *Christophe Colomb* de M. Alexandre Colin s'élève à la hauteur de la grande peinture historique.

L'auteur de cette page savante s'est inspiré d'un épisode raconté par Washington Irving dans son *Histoire de Christophe Colomb*.

Repoussé par ses compatriotes, l'obscur navigateur qui devait découvrir un monde est venu offrir à l'Espagne ces richesses et cette gloire que Gênes avait déclinées. C'est à Salamanque la Savante qu'il fut admis à plaider la cause du Nouveau-Monde. « Quel frappant spectacle, dit l'historien, la salle du vieux couvent ne dût-elle pas présenter lors de cette mémorable conférence ! Un simple marin se présentant sans crainte au milieu d'un cercle imposant de professeurs, de moines et de dignitaires de l'Eglise, développant et soutenant sa théorie avec une éloquence naturelle. »

Le pinceau de l'artiste distingué qui nous a quittés depuis bien des années et qui ne nous a jamais oubliés, à l'exemple de tant d'autres, a traduit cette grande scène avec une magistrale fidélité. Malgré la richesse de la composition, grâce à la distribution intelligente de la lumière, la figure de Colomb, sur laquelle se concentrent l'intérêt et les regards de tous les groupes, rayonne au milieu de la toile et imprime à l'œuvre un caractère de puissante unité.

Les groupes sont d'une variété d'aspect et d'attitudes surprenante; pas un d'entre eux qui ne sente la nature ; sur chacune de ces vivantes physionomies se lit la pensée ou la passion du personnage. Il y a là, sous des chapes aux lourdes broderies, sous des mitres épiscopales d'un dessin exquis, des crânes épais que la vérité ne percera pas ; nous lisons sur ces fronts hautains et ennuyés la conviction que tant de hauts personnages perdent un temps précieux à écouter les divagations de ce rêveur hérétique. Une indignation à peine contenue perce dans plus d'un sourire méprisant. Peut-être l'insensé vient-il de soutenir que la terre est ronde, et que Josué n'a pas arrêté le soleil. Le plus béat étonnement s'étale sur telle face rebondie de moine lippu. Un doute étrange trouble pourtant quelques âmes dans cet auditoire. N'est-ce point une involontaire sympathie que nous saisissons au passage, dans sa discrète expression, sur plus d'un visage flétri par les macérations et l'étude? Peut-être, au milieu des austérités du cloître et des sèches et tranchantes affirmations de la science du temps, quelques unes de ces âmes méditatives ont-elles été atteintes du souffle nouveau qui s'agite dans l'air; peut-être les hardies paroles du navigateur inconnu font-elles vibrer dans ces esprits courbés sous le joug de la scolastique quelques fibres secrètes préparées à la révolte, c'est-à-dire à l'examen! C'est en 1490 que Colomb faisait entendre devant cette assemblée ses prophétiques révélations. Un demi siècle ne s'écoulera pas sans qu'au fond des cloîtres et dans le monde bien d'autres consciences inquiètes ne soient troublées par la parole d'un autre révélateur.

Le calme maintien de Colomb, la sérénité convaincue de son front pâle, la simplicité de son costume contrastent heureusement avec la vivacité de l'allure et la richesse de l'ajustement du docteur qui argumente contre lui. Il est facile de reconnaître dans ce personnage un de ces robustes disputeurs ferrés à glace sur la logique aristotélienne.

Parler de la finesse et de la distinction du dessin de M. Colin à la commission des beaux-arts de la ville de Nimes serait de ma part une témérité superflue.

Si cet artiste fait oublier l'exiguïté de son cadre par l'harmonie de sa composition et par la grandeur de sa pensée, MM. Castelnau et Gide, par la dimension des personnages dont ils peuplent le champ de la fantaisie, s'élèvent au dessus du genre et arrivent à la limite de la peinture d'histoire.

En peignant une *Epave* humaine qu'après un naufrage la mer a rejetée sur le sable, le premier trahit la préoccupation un peu trop visible de ce cadavre effrayant qui fait reculer le Crime aux lueurs de la torche vengeresse de la Justice dans la fameuse toile de Prudhon. L'inspiration est même si complète que M. Castelnau a oublié que la livide coloration du cadavre dans le tableau original, naturelle sous les rayons blafards de la lune, cesse de l'être aux dernières lueurs du crépuscule. N'oublions pas toutefois qu'il y a un grand mérite à tenter cette entreprise et surtout à la mener à bonne fin avec le talent dont M. Castelnau a fait preuve. Les deux femmes agenouillées sont de bonne facture. Le désespoir résigné de la mère qui prie et la douleur moins contenue de la jeune sœur qui sanglote sont exprimés avec simplicité et naturel. Si nous descendons aux détails, nous ne laisserons pas passer, sans le mentionner, la franchise de coloris qui éclate dans les vêtements, la robe de la jeune fille surtout.

M. Gide nous a envoyé une des meilleures toiles du Salon, quoique la *Courtisane vénitienne* soit loin d'être une œuvre sans défaut ; mais on sent que l'auteur possède les grandes qualités natives : il lui manque seulement celles que la réflexion et l'étude ne refusent jamais à ceux qui cherchent. On est séduit de prime abord devant cette scène de la vie intime des nobles Vénitiens de la Renaissance par l'éclat et la franchise d'un coloris dont la fougue n'altère pas l'harmonie. L'esprit de la composition, le caractère expressif des têtes, le dessin soigné des parties principales qui attirent l'œil, prolongent l'heureux effet de la première impression.

La courtisane est douée de cette beauté opulente sans excès qu'affectionnent les grands coloristes de l'école vénitienne dont M. Gide nous paraît avoir fait une étude intelligente et approfondie. Le cou et la poitrine, quoique en pleine lumière, sont d'un modelé remarquable. Quel charme manque-t-il à ce beau visage, dont le calme marmoréen est si bien en situation ? Rien qu'un éclair de passion vraie, un peu de flamme au cœur réflétée dans cet impassible regard indifférent peut-être aux riches colliers de l'Orient et aux beaux sequins de Venise déposés aux pieds de l'enchanteresse.

Sa pose accuse par son gracieux nonchaloir le lendemain d'une folle nuit de carnaval dont le jeune patricien en manteau rouge rappelle peut-être les galants épisodes. La tête brune de l'heureux du jour est superbe d'expression et de couleur.

La réflexion seule nous avertit que cet ensemble pèche par certaines incorrections et surtout par défaut de sobriété, et ce défaut frappe davantage si, par la pensée, on rapproche de la *Courtisane* de M. Gide celle de notre Sigalon. On comprend alors que la composition manque d'unité ; on se prend à souhaiter que la lumière irradiât de la figure principale et vînt baigner avec plus de discrétion le champ du tableau ; on voudrait voiler derrière la demi teinte les accessoires du premier plan et les jambes croisées du jeune homme d'un dessin invraisemblable et dont le coloris a trop de valeur.

M. Monès du Pujol a voulu essayer ses forces dans une grande composition historique : *Constantin proclamant le christianisme à Rome*.

« Pendant son discours, nous dit le livret, le vieux parti, encore attaché au culte païen, conspirait sous les yeux même de l'Empereur. »

Quoique l'auteur fasse assez bien comprendre la pensée dont il s'est inspiré, il est loin d'être à la hauteur de sa tâche. Dessin lourd et incorrect, couleur sans éclat, personnages et groupes d'une raideur qui, sauf la correction, rappelle l'école académique de David.

Ce tableau trouverait pourtant grâce aux

yeux des critiques les plus sévères, si on l'opposait au *Philippe le Bon* de M. Fauré. Le duc de Bourgogne passe au cou de sa maîtresse le collier de l'ordre de la Toison d'or qu'il vient de créer. Le peintre a voulu probablement placer la jeune femme sur un lit de parade. Il n'a réussi à faire naître dans notre esprit que l'idée d'un établi de tailleur, et malheureusement la pose disgracieuse de la favorite s'accorde à merveille avec cette prosaïque hypothèse. Nous trouvons de plus que ce galant couronné était de facile composition en matière de beauté. On comprend que M. Fauré a copié avec une déplorable fidélité un modèle dont la vulgarité ferait se hérisser d'aise la brosse éhontée de Courbet. Et quel assemblage criard de tons tapageurs, au milieu desquels nous avons fini par distinguer certaines étoffes traitées avec trop de soin pour ne pas s'étonner de se rencontrer en telle compagnie.

III

Malgré le respect que m'inspire la mémoire morose de Despréaux, je ne croirai jamais qu'un sonnet sans défaut puisse égaler un long poëme, même avec des défauts. Mais je préfère un bon portrait à un médiocre tableau d'histoire. J'en connais certains que, si j'étais souverain, je n'échangerais pas contre des mètres carrés d'histoire, voire d'histoire contemporaine.

M. Numa Boucoiran en a exposé un qui met un peu votre rapporteur dans l'embarras. Je puis vous dire que la sous-commission a été frappée de la sobriété de l'ensemble, de la vigueur du modelé, de la franchise du coloris obtenu en pleine pâte, sans artifice de pinceau, sans faire appel aux faciles ressources des glacis complaisants. Mais après tout, dans un portrait, la ressemblance est quelque chose ; il faut bien s'en préoccuper un peu. Or, je vous confierai, sous le sceau du secret, que les amis intimes de l'original — qui n'a pas les siens? — lui ont déclaré, peut-être avant de l'avoir vu, qu'on l'avait beaucoup flatté. Les gens simplement polis ont cru devoir lui soutenir le contraire. Permettez-moi de ne point épouser devant vous l'une ou l'autre de ces opinions extrêmes : entre les deux, il serait si naturel que mon cœur ne balançât pas !

Nous considérons comme un portrait, et un très beau portrait, la *Petite fille de Galinaro*. M. de Curzon, croyons-nous, a interprété à sa manière le délicieux modèle dont notre musée possède une si poétique copie de notre compatriote et ami, Charles Jalabert.

Sans vouloir entrer dans une comparaison que le public n'a pas manqué de faire et qui a engendré ses Capulets et ses Montaigus, nous admirons beaucoup la copie, plus réaliste dans la meilleure acception du mot, de M. de Curzon. La tête est charmante, peut-être un peu forte ; les pieds, d'une extrême élégance de dessin et détachés avec la perfection d'un trompe-l'œil de la pierre qui sert de siége à l'adorable petite fileuse.

La *Petite fille fustigeant sa poupée* de M. Doze doit être également un portrait. Si le roi des poètes, le vieil Homère, sommeille parfois, il doit être permis aux artistes de talent d'avoir leurs moments d'oubli. Vous savez tous, Messieurs, ce que fait M. Doze quand il est éveillé.

M. Reynoard nous arrive avec quatre portraits. Il est vrai que le livret n'en porte que trois ; mais nous ne pouvons placer dans une autre catégorie une étude de femme que le cœur de l'artiste a dictée à son pinceau.

M. Reynoard, saisit les ressemblances ; mais ses portraits manquent de style et de relief. Il faut qu'il épure son goût par l'étude acharnée des modèles du genre. Ils ne lui auraient jamais conseillé, par exemple, cette fauve robe de chambre que quelques naïfs ont pris pour une dépouille de panthère sur les épaules de son pacifique modèle. Dans un de ses portraits de femme, nous trouvons une fourrure malencontreuse que rien ne l'obligeait à placer là et qui rappelle exactement la nuance des cheveux de l'original.

Devant cette gracieuse et blonde enfant qui presse contre son sein, avec une adorable candeur, un bouquet de violettes, il était difficile de ne pas se sentir inspiré. Pour conserver à la copie tout le charme de l'original, M. Jules Salles n'a eu qu'à rester fidèle à la nature de son talent.

IV

En dépit des pessimistes que ne rassure pas la réduction de notre armée, la guerre, il faut bien en convenir, n'exerce pas autant de ravages que par le passé, et le chòléra, quoiqu'on en dise le plus grand mal, n'est qu'un fléau anodin, comparé aux pestes de toutes couleurs du Moyen-Age. Enfin nous cultivons nos champs un peu mieux que nos pères, et nous avons arrangé notre vie de manière à la passer plus confortablement. Aussi la statistique nous prévient que nous multiplions à merveille, et l'augmentation des loyers nous en avertit d'une façon plus directe. Il s'en faut pourtant que la dimension de nos appartements soit en rapport avec la progression croissante du prix qu'ils nous coûtent. Vous savez que ces deux éléments suivent une progression inverse. De là une difficulté toujours plus grande de placer dans nos chambres à coucher des tableaux de la taille du *Jérémie* de M. Nigote et dans nos boudoirs des peintures comme la *Courtisane* de M. Gide, quelque bonne envie que nous en ayons.

Il faut aussi en convenir, si la civilisation rétrécit nos demeures, elle généralise les goûts artistiques :

> Tout marquis veut avoir des pages,

tout concierge possède une fille et un piano, nous voulons tous avoir des tableaux, et les artistes ont donné à corps perdu dans le *genre*. Le genre, dit-on, ne demande que de l'esprit. On sait que, chez nous, il court les rues, surtout s'il s'agit de celles où Victor Hugo a cueilli ses dernières chansons.

Nous comptons à notre exposition bon nombre de tableaux de genre qui pourraient bien se flatter de la même origine.

La *Dormeuse* de M. Bertrand est une des œuvres les plus fortes du Salon. L'étude de l'antique donne cette pureté de lignes et cette suavité d'expression à ceux-là seuls qui le comprennent par le sentiment. La pose est simple, du plus naturel abandon ; les grandes lignes sont harmonieuses, les bras, les pieds d'un dessin délicat, la draperie, l'ordonnance du fond d'une sévère élégance. Nous chercherions longtemps un défaut à cette perle qu'un riche Pompeïen aurait enchâssée dans l'or pur.

Mme Cazals est, à n'en pas douter, l'élève de son mari. Nous trouvons dans ses deux petits tableaux les mêmes défauts et, à un degré inférieur, les mêmes qualités que dans ceux de M. Cazals. Les personnages de la petite scène d'intérieur intitulée *Qui donne aux pauvres prête à Dieu* offrent la même vulgarité de types que la jeune femme de la *Tasse cassée* et de l'*Heureuse mère.* Il y a, en revanche, dans la fantaisie de Mme Cazals intitulée *les Beaux-Arts* certains petits objets peints avec la finesse qui caractérise les détails d'ameublement de la *Tasse cassée.* L'œuvre capitale de M. Cazals, que nous mettons bien au dessus des autres tableaux composant cet envoi de famille, est la grande toile intitulée *La charité, s'il vous plaît !* Il y a là une tête de vieillard d'un beau caractère et d'une touche vigoureuse. Le raccourci de la main de la jeune fille est très réussi et la couleur de cette composition franche et agréable.

Pendant son séjour dans notre ville, M. Alexandre Colin s'est épris de ces types nomades dont l'origine est un mystère pour les ethnographes et qui élisent volontiers domicile sur le revers des fossés et dans le lit des torrents, à l'ombre des vieux ponts effondrés. Sous les sordides haillons des *Gitanos* qui hantent nos environs, il a découvert d'austères beautés, des grâces inaperçues. Ce thème favori revient souvent sous son pinceau. Notre Musée montre avec orgueil cette toile si chaude, si colorée qui représente une *Halte de bohémiens au pied du*

Pont du Gard. Dans le petit tableau de cette année, il nous a semblé retrouver des figures de connaissance. L'agencement du groupe est très pittoresque, l'homme à la cigarette et la jeune fille qui tord ses cheveux à l'arrière-plan sont les deux meilleures figures de la composition.

La Vente du poisson sur les côtes de Flandre du même auteur est le pendant des *Gitanos*. Les horizons voilés du brumeux Océan et les fortes natures septentrionales trouvent en M. Colin un aussi habile interprète que notre ciel inondé de lumière et les types basanés de nos routes poudreuses. Nous reprocherons pourtant un défaut commun à ces deux petites toiles. Elles sont peintes l'une et l'autre dans une gamme un peu terreuse qui nous surprend, si nous les rapprochons du *Christophe Colomb* et surtout d'une certaine *Odalisque* dont nous avons conservé le plus éclatant souvenir.

M. Cotelle-Hébert a toujours une manière un peu sèche, quoique sa couleur soit agréable, et les habitants de sa basse-cour pleins de mouvement et d'allure.

Le Vieux ménétrier de M. Gaitet est un tableau bien composé, mais les types en sont vulgaires et la couleur manque de solidité et d'éclat.

La Présentation de M. Gide est digne de l'auteur de *la Courtisane vénitienne*. Les personnages de cet intérieur Louis XIII sont spirituellement campés. M. Gide, on le voit, est dans les meilleurs termes avec le graveur Callot ; les accessoires sont soignés. La tapisserie du fond est bien à son plan et touchée avec autant de largeur que de discrétion, le pavé excellent de ton et de perspective.

M. Jalabert, de Carcassonne, nous traite mieux d'habitude. *Le Séquestre* est pourtant une spirituelle miniature.

Le Petit maraudeur de M. Lamy... Erreur d'un homme de talent.

Le Médaillon, par M. Legrand, manque de cette finesse qui est le charme des infiniment petits.

Nous connaissons depuis longtemps les grandes et belles peintures historiques de M. Lugardon, une des gloires du musée

Rath, à Genève. Elles ont fondé la légitime réputation de l'auteur. Nous avons reconnu le savant peintre genevois dans le petit tableau qu'il nous a envoyé (*la Prière pour le prisonnier*).

M. Masse groupe agréablement ses personnages rangés en cercle pour écouter le *Récit d'une bataille.* Le narrateur est un jeune et beau colonel de hussards qui raconte avec feu les faits d'armes auxquels il a pris une part glorieuse, si l'on en juge par l'écharpe coquette qui soutient son bras blessé. Disons en passant que si la longueur des jambes fait le cavalier, ce jeune héros au dolman rouge doit être de la force de Franconi. La figure de femme drapée à l'antique, du premier plan, est belle de lignes ; ce cercle d'*incroyables* de tous sexes écoute bien, et il y a dans l'auditoire quelques têtes charmantes. Mais les verts clairs et les roses vifs prodigués dans ce tableau rendent la gamme générale trop tendre; et puis quelle singulière idée de choisir une époque à costumes si excentriques et dont l'ameublement fut si raide et si pauvre !

Il y a une très jolie tête de femme dans l'*Avis de madame* du même auteur ; l'artiste qui s'appuie sur le dossier d'un fauteuil est bien posé, mais sa main est trop petite.

Le Soin maternel : joli petit intérieur Louis XV, par M. Montfallet.

Dans un tableau de moyenne dimension, par M. Moricourt, s'allonge un peuple de géants. Tout ce monde, en train de rendre les *honneurs au guerrier*, a grandi trop vite. Passe encore pour les enfants effilés qui entourent curieusement le militaire en congé, mais ce bon vieux curé courbé par l'âge et la croissance ! et les autres !

M. Pabst est un studieux admirateur de Terburg. Ce maître lui a appris le secret de ce beau satin dont il habille sa *Guitarera* du siècle de Louis XIII. La soyeuse étoffe châtoie sous la lumière qui joue dans les plis avec l'éclat nacré de la nature ; on croit entendre de moelleux frou-frou. En accordant sa guitare, la jeune musicienne pose avec une grâce coquette. La guitare est un vrai bijou ; la tapisserie, le coffret d'ivoire, les meubles font penser à Miéris. Quel ravissant tableau de boudoir, quoique le dessin de la main qui pince les cordes soit un peu mou !

M. Jules Salles nous a depuis longtemps fait partager sa passion pour les belles Romaines. Nous comprenons la séduction qu'exercent sur l'artiste ces riches et fières natures, et ces diadèmes de noirs cheveux, et ces pittoresques ajustements. Mais n'est-ce pas pousser un peu loin le goût de l'Italie que d'*italianiser* l'héroïne mélancolique d'une poésie patoise de Bigot ? La *Fialaïro* nous appartient, tout comme Bigot. Tout au plus pouvons-nous permettre à M. Salles d'en faire une Provençale, et nous savons qu'il ne les dédaigne pas.

A la bonne heure, la belle fille qui descend l'*escalier du Capitole* ; celle-là est en situation et Romaine des pieds à la tête, à moins qu'on ne veuille chicaner M. Jules Salles à propos de la ligne bistrée qui cerne les yeux de ses figures et qui rappelle le tour des yeux peints de l'Orient. Quoique l'*escalier du Capitole* ne soit placé au fond du tableau que pour donner à la jeune Romaine le prétexte de le descendre, il valait la peine d'être bâti en observant un peu mieux les règles de la perspective. Il nous paraît impossible que les deux rampes monumentales appartiennent au même escalier.

Nous ne nous sommes jamais arrêtés devant les deux toiles microscopiques de M. Veyrassat sans être charmés de la façon dont cet artiste étudie ses maîtres favoris, les comprend et se les approprie. Il est difficile de s'y méprendre. Ses *Laboureurs* et son *Puits breton* sont nés sous l'inspiration directe de Paul Potter; mais imiter de la sorte, c'est créer. Le cheval du *Puits breton* est une merveille de précision, et comme il boit bien !

Les *Femmes de San Germano à la fontaine*, par M. Claudius Jacquand. Nous voici devant un maître ! Le livret pourrait ne pas nous l'apprendre, il se révèle par l'éclat de sa couleur, la perfection des détails, la *maestria* de l'exécution.

Nous voudrions, à propos de ses *Quatre saisons*, adresser à M. Fossey les mêmes éloges que nous avons de grand cœur donnés à sa *Vierge*. Mais si la vérité est une convenance vis-à-vis des plus forts, elle est un devoir de conscience à l'égard des jeunes. Les *Quatre saisons* de M. Fossey, toile sèche et criarde, font sourire en pensant à ce *Printemps* d'hôtellerie qui amusait tant l'aimable Sévigné.

La critique n'a nul besoin de s'inspirer des traditions de la galanterie française pour juger l'œuvre de Mlle Wagner, peinture virile dans laquelle le sexe de l'auteur ne se trahit que par la chaste beauté de la jeune femme et la suavité de cette tête d'enfant bégayant sa première prière sur les genoux maternels.

M. Durangel, l'auteur de *Poveretto*, manie la brosse avec vigueur, sa touche est large et lumineuse ; mais cette justice rendue à l'habileté pratique qui éclate dans son œuvre, nous lui avouerons que nous ne sommes pas fanatiques de ce pauvre petit ramoneur en guenilles, plaqué contre un mur gris. A l'extrême rigueur, on pourrait — honni soit qui mal y pense ! — placer le *Pouilleux* de Murillo dans un cabinet de toilette ; mais le *Ramoneur* de M. Durangel !... à moins qu'on n'en fasse un tableau de cheminée ! Qu'aurait dit le grand roi qu'offusquaient les *magots* de Téniers ?

M. Rélin est peut-être le plus jeune artiste de notre école nimoise. Nous allons bientôt le retrouver dans son genre de prédilection. Mais il se délasse de ses études d'animaux par de fréquentes excursions au sabbat. On dirait que son imagination, lasse du repos où la laissent les études d'animaux , spécialité de l'auteur, a besoin de s'envoler dans le bleu de la fantaisie ; et volontiers, dans ses escapades, elle prend pour monture un manche à balai. Dans ce genre, il nous a donné beaucoup mieux que sa *Sorcière* et sa *Légende des Trois Archers.*

V

Depuis que nous avons renoncé à la perruque, poudrée ou non, pour porter, quand cela nous est possible, des cheveux de notre crû, nous manquons de solennité. Voilà pourquoi nous bâillons à la tragédie et pourquoi le paysage historique ne nous séduirait plus. Le paysage de genre est seul de mise. « Tout se fait aujourd'hui au pittoresque et à la vapeur, » disait un plaisant qui rencontrait juste. Les paysagistes forment à eux seuls un bon tiers de la phalange des peintres. Il n'y a pas d'effet sans cause, dirait Pangloss, et cet effet en a plusieurs.

D'abord, on le comprend, après ce que j'ai dit du genre, le paysage est de meilleur débit que le tableau d'histoire, et si le grabat des poètes est passé de mode, les peintres non plus n'aiment pas à mourir de faim. En second lieu, depuis que nous n'allons plus au gymnase en costume d'Apollon Pythien et que les vêtements modernes nous permettent d'être cagneux tout à notre aise, les peintres ne trouvant plus leurs modèles sur la place publique sont obligés d'en payer pour les faire poser dans leurs ateliers. La nature nous offre gratis ses plus riches aspects, ses bois, ses ruisseaux, ses collines et ses montagnes. La vaste mer et ses splendides horizons ne nous coûtent que la peine de nous asseoir devant et de les reproduire ; et la nature est belle partout. Pas n'est besoin d'aller chercher au loin des sites privilégiés. Je puis rester froid devant les magnificences mal traduites d'un paysage exotique. Tel coin de bois, un rocher moussu, un simple buisson que je n'aurais jamais remarqués peuvent m'émouvoir profondément quand un grand artiste les aura jetés sur la toile. Il ne s'agit pas de les copier comme pourrait le faire un appareil photographique. Le tout est de les interpréter en y mettant du sien. Heureux le peintre qui me force à m'arrêter et à rêver devant une mare herbeuse, une lumineuse échappée à travers le taillis ! C'est qu'il a laissé tomber sur la toile un peu de son âme.

Le paysage n'est donc point un art de décadence. C'est une branche du grand art accessible à plus d'intelligences : aujourd'hui la foule admire le paysage comme le *portrait* d'un site connu ou qu'on voudrait connaître;

demain elle sentira frémir dans le feuillage, soupirer dans le ruisseau, planer sur l'azur des mers le souffle du poète.

M. Amen est un de ceux qui ont le bon esprit de copier la nature qu'ils ont sous les yeux. C'est sur les plateaux arides de nos garrigues, aux flancs de nos collines dénudées, dans la plaine plantureuse du Vistre qu'il va chercher ses modèles, et en attendant que l'expérience lui ait appris à composer un paysage, il rapporte de ses sites favoris des études qui ont le mérite de la sincérité.

La nature est une bonne mère, elle ne laisse jamais sans récompense ceux qui l'étudient avec amour. Par eux, elle se laisse comprendre et deviner ; sans se faire prier, elle leur révèle les secrets de couleur et d'harmonie qu'ont surpris les maîtres. Voyez plutôt certains coins des toiles de M. Amen, où il arrive à l'effet à force de candeur, les premiers plans de ses *Bords du Vistre*, par exemple, si francs de ton, d'un coloris si exempt de recherche, si éloigné de la convention, et encore la demi-teinte si transparente et si localement vraie qui baigne le premier plan de sa *Grotte des voleurs* !

Des trois œuvres que M. Amen a exposées, la plus importante est la *Carrière près de la route d'Alais*. C'est un premier envoi de l'auteur au Salon parisien, où il a eu l'honneur d'être agréé et où il aurait été plus remarqué s'il n'était déparé par un grave défaut. Le sérieux intérêt que nous portons à notre jeune compatriote ne nous permet pas de le lui dissimuler. Le pâtre et les étranges animaux qui animent cette solitude ne sont pas dignes de l'artiste qui dore ses rochers de teintes si chaudes et si vraies, qui comprend si bien nos horizons, que la nature a doué du don si rare d'inonder de lumière ses moindres compositions. Votre sous-commission, en disposant la galerie, a fait, en effet, cette remarque, si flatteuse pour M. Amen, que ses tableaux étaient toujours lumineux quelle que fût la place qu'on leur donnât. Celui des trois que nous aimons le moins, parce qu'il est trop détaillé, pas assez composé, se recommande pourtant par un très bel effet de soleil couchant derrière une cîme. Quand la nature a tant fait pour un artiste, il serait coupable de ne pas l'aider et de ne pas se compléter par le travail.

M. Amen est, croyons-nous, appelé à faire honneur à notre école nimoise ; il reproduira nos sites originaux. En peignant les garrigues parfumées, les bords du Gardon si variés, si riches d'aspect, il peut acquérir une réputation ; mais qu'il les peuple désormais de figures plus vraisemblables; qu'il renonce à ces spécimens d'une faune fantaisiste.

L'avenir est aux jeunes qui débutent comme M. Paul Colin. Bon sang ne peut mentir! L'élève d'Alexandre Colin met au service du paysage les finesses de dessin et le charme de coloris qu'il puise aux leçons paternelles. Son grand paysage (*le Lac*), d'un effet un peu décoratif, est très aéré. La lumière se tamise bien à travers les feuillés; elle glisse sur les troncs des grands arbres à l'ombre desquels Elvire a peut-être rêvé.

Avec une *Vue de la Haye* qu'il aurait mieux fait d'intituler *Vue d'un moulin près de la Haye*, M. Couveley nous a envoyé trois orientales : une *Halte en Egypte*, une *Vue de l'Acropole*, dont les ciels sont très beaux, mais dont les terrains et les personnages sont moins réussis ; une *Vue du Bosphore* qui n'a d'original que son titre. Nous n'y avons vu qu'une barque coupée de face par le cadre et sur les bancs de laquelle rament deux matelots du Phanar. Après tout, le Bosphore est peut-être derrière la barque.

M. Crapelet, le maître aquarelliste, ne nous arrive point cette année avec ces splendides lavis qui lui ont valu une réputation si bien méritée. C'est à la peinture à l'huile qu'il a demandé toute la couleur et toute la lumière qui ruissellent dans les *Vieux quartiers du Caire*. Les empâtements prodigués aux arrière-plans nuisent à la perspective aérienne et enlèvent de la profondeur.

On abuse de la manière, dans le paysage surtout ; on se préoccupe de l'effet outre mesure, et l'on ne professe pas assez d'éloignement pour le poncif. Ce reproche ne peut s'adresser à M. de Curzon : la *Briqueterie près de Rome* est d'une magistrale sincérité. C'est, à nos yeux, le plus beau paysage du Salon.

M. Escuyer sacrifie un peu aux dieux du jour ; mais ses paysages ont du charme et révèlent une grande habileté de main. Son *Torrent* dans les Basses-Alpes manque de perspective ; mais nous n'avons que des éloges à donner à la *Prairie de Manosque* et surtout à la *Vue de la forêt de Compiègne.*

M. Lortet compose très bien ses paysages et s'assied en artiste expérimenté. Le *Lac de Thun* tiendrait sa place parmi les meilleures pages de l'école de Calame ; les *Bords de la mer* près de Cannes sont d'une couleur excellente ; un ciel ravissant, un effet de lumière hardi, des terrains franchement touchés caractérisent l'*Effet de matin à Bordighiera.*

Quel dommage que M. Lottier empâte à tour de bras et termine si peu ! *La Maison turque dans la Troade* est une pochade pleine de verve et de chaleur, mais ce n'est qu'une pochade, ce n'est pas encore un tableau. Le groupe de personnages sur la droite n'est qu'un inextricable fouillis de couleurs.

M. Jules Noël termine mieux et ne se contente pas d'exposer des dessous bien préparés. Ses deux tableaux bretons sont agréables d'effet et de couleur. Mais ils manquent l'un et l'autre de perspective.

Salut et merci au maître lyonnais, à M. Ponthus-Cinié, qui n'oublie jamais les expositions de la Maison-Carrée où ses envois sont toujours fêtés ! Il y a longtemps que nous lui avons dit tout ce que nous pensons de son beau talent. Si, parmi les quatre paysages de cette année, il nous fallait faire un choix difficile, nous nous déciderions pour *la Pluie dans les montagnes d'Aix* et *les Noyers de la ferme*.

Mlle Sarrazin de Belmont a fait don à notre Musée d'un paysage historique intitulé *un Départ*. C'est, croyons nous, celui de Rubens revenant de visiter un couvent de Camaldules à l'Arricia. Nous serions mal venus de critiquer une œuvre qui nous est si gracieusement offerte. Nous ne pouvons que remercier Mlle Sarrazin de Belmont qui figure avec honneur au musée du Luxembourg.

M. Thomas fait aussi partie du groupe choisi des paysagistes sincères. Nous lui en faisons compliment, d'autant que ses qualités lui nuisent auprès de certain public. C'est ainsi que nous avons entendu taxer d'exagération la teinte locale de son *Lac des Quatre-Cantons*. Pour nous mettre en garde contre ce jugement hasardé, nous n'avons eu qu'à nous rappeler que, du haut du Rhigi, le voyageur est toujours frappé de la teinte vert sombre de ce lac si profondément encaissé entre les deux géants dont il baigne les pieds.

La plaisanterie fossile du plat d'épinards fait encore les délices de certains amateurs. Ces gens-là n'admettent que le paysage d'automne. Quelques vaillants, ne leur en déplaise, se sont mis à l'œuvre : en dépit d'eux, ils ont risqué toutes les fraîches crudités du vert printanier. M. Thomas est de ce nombre, et son *Chemin creux* n'y perd rien. Le printemps de ses vertes efflorescences égaie ce petit chemin dont, avant que le soleil l'ait bue, une tiède brume estompe les lointains.

C'est encore parmi les printaniers oscurs

qu'il faut classer M. Van Elven, tel qu'il se révèle dans sa *Vallée vaudoise*. Mais ce paysage est plus décoratif, moins nature que le précédent. Nous préférons de beaucoup du même auteur la *Vue du Pont-Neuf*, qu'un ciel capricieusement déchiré inonde de ses lueurs expirantes.

Le *Puits* de M. Dauphin est une bonne étude d'après nature. Mais nous réservons notre jugement sur cet artiste, que nous allons rencontrer dans sa spécialité.

A M. Appian le sceptre du fusain, et le dessin que nous avons de lui prouve qu'il n'est pas prêt d'abdiquer. Mais cet artiste, qui doit sa renommée à ses beaux fusains, se rappelle trop les procédés du genre quand il prend en main sa palette. Les *Bords du Rhône à Rix* sont trop grisailles; il y a trop de frottis, pas assez de couleur sur la toile. Il arrive pourtant à l'effet; mais il serait plaisant qu'il en fût autrement pour un paysage signé de ce nom!

M. Garbet reproduit avec fidélité les sites charmants devant lesquels il s'assied avec goût. Son *Pont près de Ganges* et surtout son *Paysage méridional* ne laissent à désirer qu'un peu plus de lumière.

Il n'y a pas lieu de faire une subdivision pour les peintres de marines. Nous n'en avons que deux : M. Guichard et M. Raphael Ponson. Le premier est une ancienne connaissance, et nous l'avons reconnu à première vue à la transparence de ses eaux et aux sacrifices qu'il fait à cette partie importante de son genre. C'est le secret du charme de ses deux marines, *Entrée du Port de Marseille* et *Souvenir de l'ancien Pharo*.

M. Ponson est plus réaliste, ce qui ne veut pas dire qu'il nous plaise moins. Ses *Rochers calcaires au bord de la mer*, copiés à Cassis, sont bien dans le caractère de notre littoral méditerranéen.

Animaliers et fleuristes doivent naturellement fermer la marche. Nous plaçons au premier rang de leur phalange M. Simon, dont les *Moutons à la source* vivent et palpitent, et qui sait donner à ses animaux l'allure et la physionomie du moment qu'il choisit pour les reproduire ; Mlle de la Porte, qui peint avec amour ces ravissants *toutous* envoyés par la Havane pour faire les délices des célibataires endurcis. C'est pour nous un devoir de galanterie de supposer l'auteur de *Furet*, de *Frisette* et de *Miss* parée de toutes les grâces de la jeunesse ; mais quand on exprime avec tant d'amour et de vérité la spirituelle laideur de ces petits êtres hérissés, nous craignons qu'on ne soit prédestiné à en faire sa dernière passion.

M. Rélin, qui manie le burin avec une précoce habileté et dont nous connaissons des études peintes d'animaux grandes comme nature, pourrait, en combinant ce double talent, rendre de grands services aux naturalistes et se créer une honorable et lucrative spécialité. Ses chats et son tigre royal sont de bonnes et fidèles études. Le lion du Cap de Bonne-Espérance nous a moins satisfait : il a un trop grand air de famille avec ceux qui dorment aux portes de l'Institut.

Mentionnons très honorablement les *Canards* et les *Pigeons* de M. Schmidt. Ses deux *Poules* ont obtenu les suffrages populaires ; elles sont lumineuses et d'un bon relief, mais l'ensemble gagnerait si les fonds étaient reculés.

Les peintres de nature morte n'ont guère à se préoccuper que d'une exacte reproduction ; c'est au trompe-l'œil qu'il leur faut viser. Ce problème est résolu avec bonheur par M. Dauphin dans ses *Bécasses* et *Sarcelles*, irréprochables de dessin et de couleur. La *nature morte* de M. Durangel est largement peinte, d'une couleur excellente et habilement composée. Nous ne pouvons pas dire que son lièvre est vivant, mais il est difficile d'être plus naturellement mort.

N'oublions pas les consciencieuses *Etudes de fruits* de M. Alègre, la gracieuse *Corbeille de fleurs* de Mme Brunner-Lacoste, le frugal *Déjeuner* de M. Hérat qui pèche par la grisaille du coloris, mais dont les radis et l'oignon feraient venir l'eau à la bouche d'un des bons amis de Bigot.

Le magnifique talent de M. Laÿs, l'un des meilleurs élèves de Régnier, se révèle dans les *Fleurs et raisins*. Les raisins surtout sont d'une transparence et d'un velouté à faire envie à la nature.

Les *Premières fleurs* de Mme Puyroche-Wagner brillent au premier rang. Ce tableautin est une merveille de délicatesse, de vérité et de fraîcheur. Bien après lui, nous mettrons les *Fleurs* et *les fruits* de Mlle Savy et de Mme Targe.

Nous ne sommes pas riches en dessins, mais la qualité nous fait passer sur le petit nombre. Un *Portrait* par M. Escot et le *Pifferaro* de M. Michel sont deux magnifiques pastels, d'un dessin hardi et savant.

Entrée du canal du Bourget : c'est un fusain d'Appian. Saluons le maître ! M. Lalanne, l'auteur d'une *Vue de Bordeaux* et d'un autre beau fusain, marche vaillamment sur ses traces.

M. Rélin, nous l'avons fait pressentir, deviendra un jour un remarquable aquafortiste. S'il ne nous l'avait déjà prouvé dans un recueil d'eaux fortes, nous l'aurions pronostiqué devant son *Embuscade au* XVIe *siècle*. Dessin franc et hardi, burin vigoureux, imagination, connaissance des maîtres, il n'en faut pas plus pour réussir.

Notre compatriote M. Ferrières est doué

d'une de ces heureuses natures auxquelles tout réussit. Il fait preuve des meilleurs instincts du paysagiste dans ses peintures sur Bristol. Que ne s'assied-il plus souvent en plein soleil devant ses modèles !

M. Laurens, cet artiste si complet, qui s'amuse à ses moments perdus à servir de secrétaire à la docte faculté de Montpellier ; M. Laurens, le poète, le musicien, le peintre, possède dans ses cartons neuf mille dessins tous originaux, très beaux pour la plupart. Il y a dans ce gigantesque album des paysages superbes, des ruines pittoresques et tous ces types ravissants qui sont la joie et l'amour du Languedoc et de la Provence. M. Laurens n'avait qu'à choisir pour nous envoyer quelques perles. Mais en vérité, nous avons joué de malheur : il a pris à la hâte, et de nuit peut-être, les quatre premiers dessins qui lui sont tombés sous la main. Quel dommage !

Il ne nous est arrivé, et encore un peu trop tard pour être convenablement placé, qu'un seul dessin d'architecture. C'est un *Projet d'hôtel de ville* pour notre bonne cité qui ne serait pas fâchée de le voir s'élever sur une de ses places. Mais nous avons tant de chantiers ouverts, sans parler de ceux qui attendent ! Disons toujours à M. Granon, pour lui faire prendre patience, que son projet est harmonieux ; que le motif du milieu est bien composé, sauf peut-être la fenêtre centrale qui a trop d'importance , et qu'on perfectionnerait les pavillons en étoffant le couronnement et en plaçant les pilastres aux angles.

VI

Notre appel n'a été entendu que de deux sculpteurs. Nous devons presque nous en féliciter. Où logerions-nous de plus importants et de plus nombreux envois dans l'élégante mais étroite *cella* qui nous sert de Musée ?

En modelant , après Pradier, le buste de notre Reboul, M. Antonin Castan a fait mentir l'adage que la Fortune sourit aux audacieux. Cette capricieuse déesse a trahi les efforts du jeune artiste, pour lequel, du reste, la carrière vient à peine de s'ouvrir. Quel long avenir de travail et de succès il a devant lui pour acquérir le style et la correction dont l'absence nous a frappés dans cet essai prématuré !

Dans la plus belle galerie de Rom e, dans cette galerie d'où le saint Pontife qui règne au Vatican n'a pas songé à bannir les chastes nudités de l'art, on montre au visiteur un torse antique dont Michel-Ange, devenu vieux et aveugle, venait tous les matins palper les contours d'une main frémissante d'émotion. Suprême volupté du génie, dernière consolation du grand créateur réduit à l'impuissance ! Mais lui, au moins, avait mis au jour son œuvre immortelle ! Vous figurez-vous, Messieurs, les angoisses de l'artiste, du sculpteur, qui, au seuil de la carrière, la tête et la main pleines d'œuvres, sent tout à coup et à tout jamais ses yeux se fermer à la lumière ! Qui croirait qu'il s'en est trouvé un assez fort pour résister à cette épouvantable épreuve, pour oser entreprendre une lutte contre l'impossible et pour en sortir victorieux? Ce vaillant existe, Messieurs, c'est M. Louis Navalet, un Nimois, un des nôtres. Ce lion, si hardiment modelé, à l'allure si vraie, au mouvement si juste, est son ouvrage. Inclinons-nous devant cette œuvre forte, et que notre infortuné et courageux compatriote reçoive le témoignage de notre lointaine et sympathique admiration.

Et maintenant que j'ai terminé, Messieurs, cette trop longue revue, faisons ensemble le vœu que la prochaine exposition nimoise puisse offrir aux artistes qui veulent bien nous visiter une hospitalité moins parcimonieuse; qu'une galerie de tableaux et d'objets d'art nous permette de ne laisser en dépôt à la Maison-Carrée que ce musée lapidaire, dont les injures de l'air achèvent de dévorer quelques précieuses reliques. Unissons-nous pour intéresser l'édilité à la cause de notre musée de l'avenir. M. le Maire de Nimes, président de cette commission, nous a déjà donné des preuves de son bon vouloir et de sa sympathie. Qu'il ajoute ce titre de plus à la reconnaissance de la cité. Nous savons qu'il est à la hauteur de sa tâche. Votre rapporteur croit avoir le droit de lui décerner ce public éloge sans être suspect de flatterie. Il se permet de vous rappeler que pour s'incliner devant le soleil, il ne lui a pas toujours suffi qu'il fût au dessus de l'horizon.

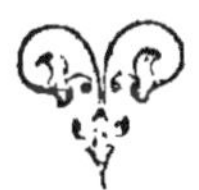

Commission municipale

DES BEAUX-ARTS

DE LA VILLE DE NIMES

(Extrait du procès-verbal de la séance du 29 novembre 1865.)

La Commission des Beaux-Arts s'est réunie au Musée, le mercredi 29 courant, pour entendre le rapport sur l'Exposition qui lui a été présenté par son secrétaire, M. Ernest Roussel, au nom de la sous-commission.

A la suite de ce travail, dont l'impression a été votée à l'unanimité, le rapporteur a présenté les conclusions suivantes :

MESSIEURS,

Votre sous-commission, s'occupant des récompenses à décerner, attendu que, parmi les exposants, il en est plusieurs qui, par leur position exceptionnelle et par la consécration de leur talent, doivent naturellement se trouver placés en dehors du concours actuel, vous propose de mettre hors de concours :

MM.

Alexandre COLIN, ancien directeur de l'Ecole de dessin, professeur à l'Ecole polytechnique.

Alfred de CURZON, chevalier de la Légion d'honneur.

Claudius JACQUAND, chevalier de la Légion d'honneur et de l'ordre de Léopold de Belgique.

Numa BOUCOIRAN, conservateur du Musée, directeur de l'Ecole de dessin de Nimes, mis hors concours à l'Exposition régionale de Montpellier (1860) et à l'Exposition régionale de Nimes (1863).

Louis NAVALET, sculpteur aveugle, ayant obtenu la médaille d'or à Paris en 1861 et un rappel de médaille d'or en 1863.

Nous vous proposons ensuite les rappels de médaille suivants :

Rappel de médaille d'or :

M. DOZE, de Nimes, pour son panneau décoratif de la chapelle de la Sainte-Vierge de Saint-Gervasy et son projet de décoration intitulé : *la Rédemption annoncée par les prophètes manifestée par le Christ triomphant*, nos 36 et 37.

Rappels de médailles de vermeil :

MM. Jules SALLES, de Nimes, pour son *Portrait d'enfant*, no 91.
PONTHUS-CINIÉ, pour ses quatre paysages, nos 71, 72, 73, 74.
LAYS, de Lyon, pour son tableau *Fleurs et Raisins*, n° 53.

Rappels de médailles d'argent :

MM. SIMON, de Marseille, pour ses *Moutons à la source*, no 99.
CRAPELET, pour ses *Vieux quartiers au Caire*, no 28.
APPIAN, de Lyon, pour son dessin au fusain no 137 et son paysage à l'huile, no 139.
Mme PUYROCHE-WAGNER, pour ses *Premières fleurs*, no 75.

Voici maintenant la liste des médailles que nous avons l'honneur de vous proposer :

Médaille d'or :

M. James BERTRAND, auteur de la *Dormeuse*, n° 7.

Médaille de vermeil :

M. Théophile Gide, auteur de *la Courtisane vénitienne* et de *la Présentation*, n°s 43 et 44.

Médailles d'argent :

MM. NIGOTE, auteur des *Lamentations de Jérémie*, n° 65.

CASTELNAU, auteur de *Une épave*, n° 129.

Alfred PABST, auteur de la *Jeune femme accordant sa guitare*, n° 68.

THOMAS, auteur du *Lac des Quatre-Cantons* et du *Chemin creux*, n°s 100 et 101.

Raphael PONSON, auteur des *Rochers calcaires au bord de la mer*, n° 70.

M. LORTET, auteur de trois paysages, n°s 57, 130 et 142.

Mlle Adélaïde WAGNER, auteur de *la Prière de l'enfant*.

Médailles de bronze :

MM. Antony RÉGNIER, auteur de *la Prédication de Jésus-Christ près du lac de Génésareth*, n° 76.

CAZALS, auteur de deux portraits et de trois tableaux de genre, n°s 14, 15, 16, 17 et 18.

VEYRASSAT, auteur de deux tableaux de genre, n°s 104 et 105.

Paul COLIN, auteur du *Lac*, n° 22.

AMEN, auteur de trois paysages, n°s 4, 5, 6.

GARBET, auteur de deux paysages, n°s 146 et 147.

GUICHARD, auteur de deux marines, n°s 45 et 46.

ESCOT, auteur d'un portrait au pastel, n° 136.

MM. MICHEL, auteur d'un portrait au pastel, n° 120.

DURANGEL, auteur d'un tableau de genre et d'une nature morte, nos 150 et 154.

Mentions très honorables :

MM. LUGARDON, auteur d'un tableau de genre, n° 59.

ESCUYER, auteur de trois paysages, nos 39, 40 et 41.

VAN ELVEN, auteur de deux paysages, nos 102 et 103.

Mentions honorables :

MM. Félix FOSSEY, auteur d'un tableau religieux, n° 148.

Eugène RÉLIN, pour ses Etudes d'animaux et ses Eaux fortes, nos 77, 78, 79, 80, 123 et 124.

DAUPHIN, pour ses natures mortes, nos 121 et 122.

SCHMIDT, pour ses Etudes d'animaux, nos 95, 96, 97 et 98.

LALANNE, pour ses fusains, nos 118 et 119.

FERRIÈRES, pour ses peintures à l'huile sur bristol, nos 112, 113, 114, 115, 116 et 117.

GRANON, pour son Projet d'hôtel de ville, no 138.

Après avoir adopté les conclusions précédentes, la Commission vote des remercîments à ceux de ses membres qui formaient la sous-commission, et l'Exposition est déclarée close.

Nimes, typ. Clavel-Ballivet et Ce, rue Pradier, 12.

www.ingramcontent.com/pod-product-compliance
Ingram Content Group UK Ltd.
Pitfield, Milton Keynes, MK11 3LW, UK
UKHW020346250726
13967UKWH00005B/2137

9 782013 057721